COLECCIÓN PACHAMAMA

El jardín de las abejitas

Escrito e ilustrado por
Tere Marichal-Lugo

Tere Marichal-Lugo es escritora, ilustradora,
dramaturga, contadora de cuentos y titiritera.

El trabajo de Marichal-Lugo aparece
ampliamente reseñado en el **Gran Diccionario de
Autores Latinoamericanos de Literatura
Infantil y Juvenil.**

Su obra ***Pepito Pepitón*** ganó el premio como
mejor obra de teatro ambiental para niños
otorgado por la Junta de Calidad Ambiental.

En el año 2006, EPA (Environmental Protection Agency) le otorgó un
premio por su trabajo realizado en pro del ambiente.

Marichal-Lugo ofrece talleres sobre la reutilización de materiales
que no son biodegradables.
Su taller lleva el nombre de REArte.

Agradecimientos:
Flavia Lugo de Marichal
Wanda I. De Jesús Arvelo
Mary Ann Hoopgood
Deborah Hunt

Otros títulos:

Tragedia en el Golfo
La Granja global
El Nacimiento global
El Nacimiento Boricua
María Chucena techaba su choza
María Magañas
¡Hagamos títeres!
La fiesta de las abejitas
Generosa, la gallinita agricultora
La fiesta glogal
Mangú y Mofongo
El huerto de mi casa
Juan Bobo aprende a leer
¡Mamá, debajo de mi cama hay un dragón!
Juan bobo aprende a leer
Ánade Real o Azulón
**ReArte:Crea personajes fantásticos con
latas de aluminio**

© Texto: Tere Marichal-Lugo
© Ilustraciones: Tere Marichal-Lugo
© Primera edición: The Green Mermaid
email:maria.marichal@gmail.com
San Juan, Puerto Rico

ISBN-13: 978-1490521268
ISBN-10: 1490521267
Primera edición: 2013
Impreso en USA

Las abejas tienen un papel
esencial en la polinización,
la multiplicación
de las especies florales,
y el desarrollo
de los cultivos frutales.

¡Sin abejas,
no hay polinización!
¡Sin abejas no hay frutas!

¡Las abejitas son
nuestras amigas!

Lola estaba maravillada
con las flores
que habían crecido
en el patio de su casa.

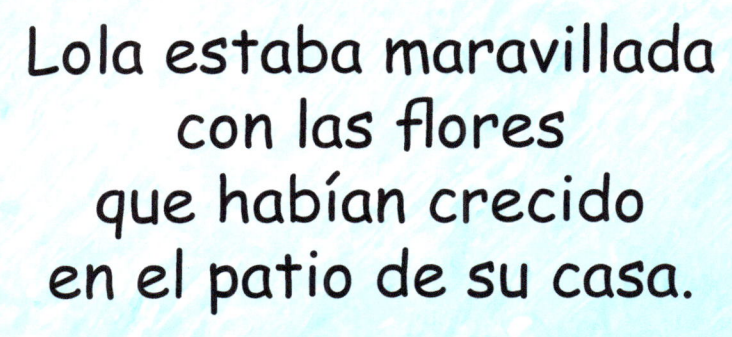

Pero ella no era la única
que estaba maravillada.

La reina de las abejitas
se posó sobre las flores
y quedó encantada.

—¡Zzzz! ¡Qué flores tan despampanantes!
Avisaré a todas las abejitas del panal.
¡Este jardín es perfecto! ¡Zzzz!—pensó la
reina mientras agitaba sus alas
para regresar rápidamente a su hogar.

La abejita reina
regresó a su colmena
y se puso a zumbar y a bailar.
¡Estaba muy feliz!

—¡Zzzz! ¡Zzzz! ¡Zzzz!
Abejitas hacendosas,
encontré un jardín precioso.
¡Ahora tendremos mucho,
mucho néctar! ¡Zzzz!—dijo la reina
a las abejitas obreras.

—¡Perfecto! ¡Zzzz! ¡Busquemos el polen ahora mismo! ¡Zzzz! ¡A trabajar! ¡Zzzz! —exclamaron las abejitas obreras.

Todas comenzaron a batir sus poderosas alas y fueron a buscar el dulce néctar y el polen de las flores que había en aquel vergel que la reina había encontrado.

Cuando llegaron al jardín
quedaron encantadas.

—¡Hay mucho colorido!
¡Zzzz! ¡Zzzz! ¡Zzzz!
¡Y muchos olores!
¡Zzzz! ¡Zzzz! ¡Zzzz!
—susurraron
con mucha alegría.

Enseguida las abejitas se
posaron sobre las flores
y comenzaron a chupar
el dulce néctar.

15

—¡Aita! ¡Aita! ¡Mira qué muchas abejitas
hay en las flores! —dijo Lola a su abuelita.

—Vienen a buscar néctar
para hacer miel
—le explicó su abuelita.

—¿Las flores tienen jugo?

17

—El néctar que algunas flores de plantas
melíferas producen es un líquido muy dulce
que le encanta a las abejitas —contestó
Aita, la abuelita de Lola.

—¿Qué son las plantas melíferas?
¡Cuéntame Aita!
¡Cuéntame de las abejitas!
—exclamó Lola.

—Las plantas melíferas les dan
a las abejitas el néctar que necesitan
para hacer la miel en sus panales.

—¿Cómo las abejitas saben que las flores
tienen néctar? —preguntó Lola.

—Porque las abejitas han vivido con las
flores desde hace miles de años.
Las abejitas son muy sabias y zumban asi:
¡Zzzz! —le explicó su abuelita.

— ¡Zzzz! ¡Cuéntame abuelita!
¡Cuéntame más de las flores!

—Las flores tienen unos filamentos muy
delgados que se llaman estambres.
Estos tienen unas bolsitas que contienen
unos granos de polen que son muy, pero que
muy pequeñitos. ¿Entiendes? —preguntó
Aita a su querida nietecita.

—¿Aita, el polen es cómo
un granito de arena?

—Es más pequeñito que un granito
de arena pero muy, muy, poderoso.

—¡Es super poderoso! —exclamó Lola
mientras abrazaba a su abuelita.

—El polen es rico en proteínas.
¡Es como un tesoro
que está escondido en las flores!
—le explicó su querida abuelita.

—Y las abejitas saben que las
flores tienen ese tesoro escondido.

—Por eso te digo que las abejitas
son muy sabias y producen grandes
cantidades de miel —contestó Aita
mostrando una enorme sonrisa.

—¡Cuéntame abuelita! ¡Cuéntame más de las abejitas! —exclamó Lola.

—¡Te voy a contar algo importantísimo! Cuando las abejitas visitan las flores buscando el néctar para hacer la miel, sus cuerpos tocan los estambres y se llenan de polen.

—¿Y qué pasa después?
¡Cuéntame abuelita!
¡Cuéntame más de las abejitas!
—exclamó Lola.

—Como sus cuerpos se cubren de polen,
cada vez que visitan una nueva flor,
dejan polen en esa flor
y a eso le llaman polinizar.

—¿Qué es polinizar? ¡Cuéntame abuelita!
¡Cuéntame más de las abejitas!

—Cuando las abejitas visitan una flor nueva,
traen los granitos de polen de otra flor.
De esa forma, la fertilizan y la planta puede
dar frutos —explicó la abuelita a Lola.

—¡Las abejitas se la pasan viajando
de aquí para allá y de allá para acá!
De las flores al panal
y del panal a las flores.

—¡Viajan muchísimo! —exclamó la abuelita.

—¡Las abejitas nos ayudan mucho y nosotras
tenemos que cuidarlas! —contestó Lola
mientras miraba asombrada
a las incansables abejitas.

—Sin ellas no tendríamos miel, ni plantas,
ni muchos de los alimentos que comemos.
Y ahora...¡Zzzz! ¡Zzzz! ¡Zzzz!
¡Cuéntame Lola, cuéntame
lo que has aprendido
sobre las abejitas!
¡Zzzz! ¡Zzzz! ¡Zzzz!
—exclamó la abuelita
y ambas rieron muchísimo.

—Abuelita, estoy muy feliz
porque nuestro patio
es el jardín de las abejitas.

33

Abejita que llega,
abejita que se va,
este cuento
amigos
llegó a su panal.

¡Zzzz! ¡Zzzz! ¡Zzzz!

¡Te cuento sobre las flores!

La flor es el órgano reproductor de las plantas.

El cáliz protege la flor y está formado por unas hojitas verdes llamadas sépalos.

La corola está formada por varias hojas de colores llamadas pétalos y estos colores atraen a los insectos.

Los estambres son unos filamentos muy finos que terminan en una bolsitas. Estos son la parte masculina de la flor y producen los granos de polen.

El pistilo es la parte femenina de la flor y fabrica los óvulos.

Los nectarios son glándulas que segregan una solución azucarada llamada néctar.

El néctar es una solución acuosa y dulce.

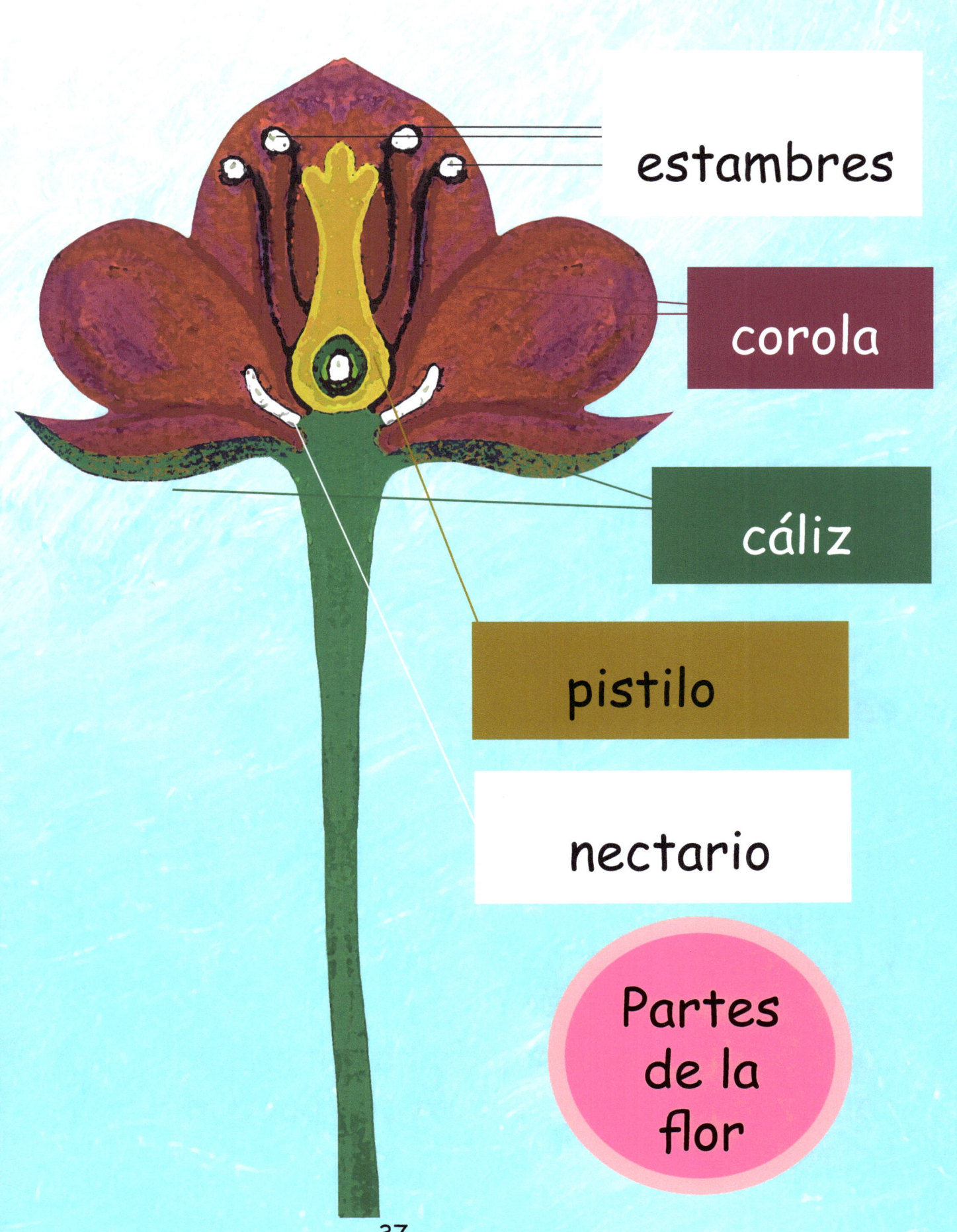

estambres

corola

cáliz

pistilo

nectario

Partes
de la
flor

¡Te cuento sobre las abejitas!

Existen tres tipos de abejas: reina, obreras y zánganos (abejas macho).

Las obreras se encargan de alimentar a la reina y a las larvas o abejas en desarrollo con una mezcla que fabrican de polen y néctar. También, construyen los panales con cera que ellas mismas fabrican; buscan el néctar y el polen con que elaboran la miel y se encargan de limpiar la colmena.

En cada colmena sólo hay una abeja reina y es la encargada de la reproducción.

Las abejas viven en el panal. Este está hecho de cera y tiene muchas celditas de forma hexagonal donde las abejitas guardan la miel y los huevos reproductores.

Las abejitas, además de hacer rica miel, polinizan las plantas para que puedan dar frutos.

¡Te cuento sobre la polinización!

Las abejitas o el viento llevan los granos de polen de los estambres de una flor hasta el pistilo de otra flor.

Cuando el polen entra al pistilo de una flor, ésta se fertiliza y puede dar frutos.

El fruto se forma a partir de las flores. Cuando el grano de polen llega al pistilo, la flor se transforma, comienza a crecer y da frutos.

Los frutos pueden ser carnosos como el aguacate o secos como el maní.

Actividades sugeridas:

El polen vuela:

Materiales: bolitas de algodón, papeles de colores, pega blanca, palitos de madera, escarcha o azúcar de colores.

Instrucciones

1. Pegue un algodón en el centro de un círculo de cartulina.
2. Pida a los niños que rasguen tiras de papeles de colores para crear flores únicas y llamativas.
3. Sobre la cartulina y alrededor del algodón pegue pétalos de papel.
4. Deje secar. Puede pegar, en la parte trasera de la cartulina, un palito de madera.
5. Esparza la escarcha de colores vivos sobre el algodón.
6. De una visita al patio con las "flores" y explique a los niños cómo el viento ayuda a que el polen vuele. Pueden soplar la escarcha para que "vuele" al igual que el polen.
7. Puede crear un jardín dentro del salón con las flores o pedirle a los niños que lleven la flor a sus casas y les expliquen a sus amigos y familiares lo que aprendieron. De esta forma, ellos van a ser como las abejitas. Van a "polinizar" con lo que han aprendido.

El polen y las abejitas

Materiales: un sorbeto por niño, gel de cabello, escarcha o azúcar de colores, algodón, revistas viejas.

Instrucciones:
1. Haga varias flores de papel con las revistas viejas.
2. Coloque un algodón en el centro de cada flor.
3. Esparza los algodones con escarcha. Si es posible las escarchas deben ser de colores diferentes.
3. Reparta a cada niño un sorbeto.
4. Introduzca media pulgada del sorbeto en el gel.
5. Pida a los niños que se imaginen que son abejitas y van a polinizar las flores.
6. Cada niño irá de flor en flor llevando polen.
7. Los algodones se irán llenando de escarcha.

Adivinanzas:

Sus alitas se mueven
de aquí para allá.
y rica, rica miel te dará.
(la abeja)

Se visten de colores
y en los jardines están.
Sus pétalos son trajes
que te encantarán. (las flores)

Videos:

La polinización
http://www.youtube.com/watch?v=-KUudej-4wU

¿Cómo se hace la miel?
http://www.youtube.com/watch?v=sZv2aXadaR0